ACCESO GRATIS *a la Lectura en la Nube*

Para visualizar el libro electrónico en la nube de lecture envíe junto a su nombre y apellidos una fotografía del código de barras situado en la contraportada del libro y otra del ticket de compra a la dirección:

ebooktirant@tirant.com

En un máximo de 72 horas laborales le enviaremos el código de acceso con sus instrucciones.

¿EL NOTARIO ES UNA AUTORIDAD RESPONSABLE PARA EFECTOS DEL AMPARO?

¿EL NOTARIO ES UNA AUTORIDAD RESPONSABLE PARA EFECTOS DEL AMPARO?

PASCUAL ALBERTO OROZCO GARIBAY

tirant lo blanch
Ciudad de México, 2024

En caso de erratas y actualizaciones, la Editorial Tirant lo Blanch publicará la pertinente corrección en la página web www.tirant.com/mex.

Este libro será publicado y distribuido internacionalmente en todos los países donde la Editorial Tirant lo Blanch esté presente.

© TIRANT LO BLANCH
DISTRIBUYE: TIRANT LO BLANCH MÉXICO
Av. Tamaulipas 150, Oficina 502
Hipódromo, Cuauhtémoc
06100 Ciudad de México
Telf.: +52 1 55 65502317
infomex@tirant.com
Email: tlb@tirant.com
www.tirant.com/mex/
www.tirant.es
ISBN: 978-84-1071-369-7
ISBN Colegio de Notarios de la Ciudad de México: 978-607-7873-58-7
MAQUETA: Innovatext

Si tiene alguna queja o sugerencia, envíenos un mail a: *atencioncliente@tirant.com*. En caso de no ser atendida su sugerencia, por favor, lea en *www.tirant.net/index.php/empresa/politicas-de-empresa* nuestro Procedimiento de quejas.

Responsabilidad Social Corporativa: *http://www.tirant.net/Docs/RSCTirant.pdf*

Índice

¿EL NOTARIO ES UNA AUTORIDAD RESPONSABLE PARA EFECTOS DEL AMPARO?

Pascual Alberto Orozco Garibay
Notario Público 193 de la Ciudad de México

SUMARIO: I. INTRODUCCIÓN. II. REFORMA CONSTITUCIONAL EN MATERIA DE DERECHOS HUMANOS. III. CONCEPTO DE TRATADO INTERNACIONAL. IV. REQUISITOS CONSTITUCIONALES PARA LA INCORPORACIÓN DE TRATADOS INTERNACIONALES EN NUESTRO ORDENAMIENTO JURÍDICO. V. IMPLICACIONES DE LAS REFORMAS CONSTITUCIONALES Y DE LA NUEVA LEY DE AMPARO EN LA FUNCIÓN NOTARIAL. VI. ¿EL NOTARIO ES UNA AUTORIDAD RESPONSABLE PARA EFECTOS DEL JUICIO DE AMPARO? VII. RECURSO SI SE LE ATRIBUYE AL NOTARIO EL CARÁCTER DE AUTORIDAD RESPONSABLE. VIII. CONSECUENCIAS DE SER CONSIDERADO AUTORIDAD RESPONSABLE. IX. CONCLUSIONES.

I. INTRODUCCIÓN

A partir del 10 de junio del 2011 con la publicación de la reforma constitucional en materia de derechos humanos y de la incorporación de los tratados internacionales en nuestra Ley Suprema han surgido una serie de interpretaciones acerca del concepto, alcance, implicaciones y limitaciones de los derechos fundamentales.

Por ello es importante conocer lo que es un tratado internacional y los requisitos constitucionales para su incorporación en el orden jurídico mexicano.

Todos estos cambios y la publicación de la Ley de Amparo significan una nueva forma de concebir, integrar e interpretar el derecho.

Es precisamente en este nuevo enfoque de interpretación por los jueces, lo que está generando una serie de criterios novedosos que inciden en la función notarial.

Se debe recalcar lo que es un notario, sus funciones, obligaciones y limitaciones, de tal forma que los jueces o en su caso los Ministros de la Suprema Corte de Justicia de la Nación tengan plena conciencia de lo que podemos o no hacer en nuestro quehacer cotidiano.

En este breviario se busca resolver la interrogante si el notario es una autoridad responsable para efectos del juicio de amparo.

Para ello se exponen las características señaladas tanto en la Ley de Amparo como en la jurisprudencia de la Suprema Corte para considerar a los particulares como autoridades responsables en un amparo.

Igualmente se relacionan los distintos criterios jurisprudenciales que determinan que los notarios no son considerados autoridades responsables en diferentes supuestos.

No obstante ello, es factible que se presenten demandas de amparo contra notarios como autoridades responsables y que los jueces de distrito las admitan. Ante tal eventualidad se debe interponer el recurso de queja y en su caso el recurso de revisión si la sentencia dictada por el juez de distrito es desfavorable.

Por último, se sintetizan las consecuencias de ser considerado el notario como autoridad responsable y las sanciones que se le pueden imponer por no cumplir con la sentencia de amparo.

II. REFORMA CONSTITUCIONAL EN MATERIA DE DERECHOS HUMANOS

El día 10 de junio del 2011 se publicó en el Diario Oficial de la Federación las modificaciones a once artículos de la Constitución: 1, 3, 11, 15, 18, 29, 33, 89, 97, 102 y 105 que contienen los nuevos principios en materia de derechos humanos.

Si bien es cierto las modificaciones a los artículos 3, 11, 15, 18, 29, 33, 89, 97, 102 y 105 son relevantes, es importante hacer hincapié en el artículo primero de nuestra Carta Magna ya que es el eje fundamental de la reforma. Su tenor es el siguiente:

> *"Artículo 1. En los Estados Unidos Mexicanos todas las personas gozarán de los derechos humanos reconocidos en esta Constitución y en los tratados internacionales de los que el Estado Mexicano sea parte, así como de las garantías para su protección, cuyo ejercicio no podrá restringirse ni suspenderse, salvo en los casos y bajo las condiciones que esta Constitución establece.*
>
> *Las normas relativas a los derechos humanos se interpretarán de conformidad con esta Constitución y con los tratados internacionales de la materia favoreciendo en todo tiempo a las personas la protección más amplia.*
>
> *Todas las autoridades, en el ámbito de sus competencias, tienen la obligación de promover, respetar, proteger y garantizar los derechos humanos de conformidad con los principios de universalidad, interdependencia, indivisibilidad y progresividad. En consecuencia, el Estado deberá prevenir, investigar, sancionar y reparar las violaciones a los derechos humanos, en los términos que establezca la ley..."*

Las características fundamentales de la reforma constitucional en materia de derechos humanos y su importancia se pueden resumir en las siguientes razones:[1]

---

1 Un ensayo excelente para entender la reforma desde una perspectiva crítica y constitucionalista es el del Dr. Jorge Adame Goddard. "Análisis de la Reforma Constitucional en Derechos Humanos", en Revista de Investigaciones Jurídicas. Escuela Libre de Derecho, Núm. 35, año 2011, pp. 9-37. Una visión más internacionalista es la de Sergio García Ramírez y

a) Se distinguen los derechos humanos de sus garantías;

b) Se establece que todas las personas gozarán de los derechos humanos reconocidos en la Constitución y en los tratados internacionales sobre dichas materias de los que México sea parte;

c) Las normas relativas a los derechos humanos se interpretarán favoreciendo en todo tiempo a las personas la protección más amplia;

d) Se consigna la obligación de las autoridades de promover, respetar, proteger y garantizar los derechos humanos de conformidad con los principios de universalidad, interdependencia, indivisibilidad y progresividad;

e) Queda prohibida toda discriminación motivada por las preferencias sexuales;

f) La educación que imparta el Estado fomentará el respeto a los derechos humanos;

g) Se contempla el derecho que tiene toda persona de solicitar asilo en caso de persecución por motivos de orden político;

h) No se autoriza la celebración de tratados que alteren los derechos humanos reconocidos por la Constitución y en los tratados internacionales de los que México sea parte;

i) Se estipula que el sistema penitenciario se organizará sobre la base de respeto a los derechos humanos;

Julieta Morales Sánchez. "La Reforma Constitucional Sobre Derechos Humanos", (2009-2011), Ed. Porrúa, México, 2011.
Un estudio muy accesible de los antecedentes de la reforma, su contenido y de los tratados internacionales en materia de derechos humanos de los que el Estado Mexicano forma parte es el realizado por Ariel Alberto Rojas Caballero, "Los Derechos Humanos y sus Garantías en la Constitución Mexicana". Análisis y Comentarios a la reforma publicada el 10 de junio de 2011, Ed. Porrúa, México, 2011.

j) Aún en los supuestos de invasión, perturbación grave de la paz pública o de cualquier otro que ponga a la sociedad en grave peligro o conflicto no se pueden restringir, ni suspender el ejercicio de los derechos a la no discriminación, al reconocimiento de la personalidad jurídica, a la vida, a la integridad personal, a la protección, a la familia, al nombre, a la nacionalidad; los derechos de la niñez; los derechos políticos, las libertades de pensamiento, conciencia y de profesar creencia religiosa alguna; el principio de legalidad y retroactividad, la prohibición de la pena de muerte; la prohibición de la esclavitud y la servidumbre; la prohibición de la desaparición forzada y la tortura; ni las garantías judiciales indispensables para la protección de tales derechos;

k) Las personas extranjeras gozarán de los derechos humanos y garantías que reconoce la Constitución y tienen el derecho de previa audiencia antes de ser expulsados del territorio nacional;

l) El Ejecutivo Federal debe observar el respeto, la protección y promoción de los derechos humanos en la conducción de la política exterior y en la celebración de los tratados internacionales.

Derivado de esta trascendental reforma, la Suprema Corte de Justicia de la Nación estableció dos principios fundamentales en la interpretación y en su caso aplicación de toda norma jurídica invocada ante un juez:

a) Toda autoridad jurisdiccional antes de aplicar una disposición normativa debe analizar si es o no constitucional e igualmente verificar si la misma no violenta algún tratado internacional en materia de derechos humanos (control constitucional y convencional);

b) Todo juez puede dejar de aplicar una ley por considerarla inconstitucional o inconvencional (control difuso).

Muy ejemplificativas al respecto son los siguientes criterios jurisprudenciales:

CONTROL DE CONSTITUCIONALIDAD Y DE CONVENCIONALIDAD (REFORMA CONSTITUCIONAL DE 10 DE JUNIO DE 2011) que en su parte conducente dice: "... en virtud del reformado texto del artículo 1° constitucional, se da otro tipo de control, ya que se estableció que todas las autoridades del Estado mexicano tienen obligación de respetar, proteger y garantizar los derechos humanos reconocidos en la Constitución y en los tratados internacionales de los que el propio Estado mexicano es parte, lo que también comprende el control de convencionalidad... los jueces nacionales tanto federales como del orden común, están facultados para emitir pronunciamiento en respeto y garantía de los derechos humanos reconocidos por la Constitución Federal y por los tratados internacionales, con la limitante de que los jueces nacionales, en los casos que se sometan a su consideración distintos de las vías directas de control previstas en la Norma Fundamental, no podrán hacer declaratoria de inconstitucionalidad de normas generales... solo podrán inaplicar la norma si consideran que no es conforme a la Constitución Federal o a los tratados internacionales en materia de derechos humanos. Contradicción de tesis 259/2011..."

SISTEMA DE CONTROL CONSTITUCIONAL EN EL ORDEN JURÍDICO MEXICANO. Actualmente existen dos grandes vertientes dentro del modelo de control de constitucionalidad en el orden jurídico mexicano, que son acordes con el modelo de control de convencionalidad ex officio en materia de derechos humanos a cargo del Poder Judicial. En primer término, el control concentrado en los órganos del Poder Judicial de la Federación con vías directas de control: acciones de inconstitucionalidad, controversias constitucionales y amparo directo e indirecto; en segundo término, el control por parte del resto de los jueces del país en forma incidental durante los procesos ordinarios en los que son competentes, esto es, sin necesidad de abrir un expediente por cuerda separada. Ambas vertientes de control se ejercen de manera independiente y la existencia de este modelo general de control no requiere que todos los casos sean revisables e impugnables en ambas. Es un sistema concentrado en una parte y difuso en otra, lo que permite que sean los criterios e interpretaciones constitucionales, ya sea por declaración de inconstitucionalidad o por inaplicación, de los que conozca la Suprema Corte para que determine cuál es la interpretación constitucional que finalmente debe prevalecer en el orden jurídico nacional. Finalmente, debe señalarse que todas las demás autoridades del país en el ámbito de sus competencias tienen la obligación de aplicar las normas correspondientes haciendo la interpretación más favorable a la persona para lograr su protección más amplia, sin tener la posibilidad de inaplicar o declarar su incompatibilidad. Varios 912/2010. 14 de julio de 2011. Mayoría de siete votos..."

Registro No. 160480. Localización: Decima Época. Instancia: Pleno. Fuente: Semanario Judicial de la Federación y su Gaceta. Libra III, diciembre de 2011. Página: 557. Tesis: P. LXX/2011 (9a.). Tesis Aislada. Materia(s): Constitucional.—**CONTROL DE CONVENCIONALIDAD EX OFFICIO EN UN MODELO DE CONTROL DIFUSO DE CONSTITUCIONALIDAD.** De conformidad con lo previsto en el artículo 1° de la Constitución Política de los Estados Unidos Mexicanos, todas las autoridades del país, dentro del ámbito de sus competencias, se encuentran obligadas a velar no solo por los derechos humanos contenidos en la Constitución Federal, sino también por aquellos contenidos en los instrumentos internacionales celebrados por el Estado Mexicano, adoptando la interpretación más favorable al derecho humano de que se trate, lo que se conoce en la doctrina como principio pro persona. Estos mandatos contenidos en el artículo 1° constitucional, reformado mediante Decreto publicado en el Diario Oficial de la Federación de 10 de junio de 2011, deben interpretarse junto con lo establecido por el diverso 133 para determinar el marco dentro del que debe realizarse el control de convencionalidad ex officio en materia de derechos humanos a cargo del Poder Judicial, el que deberá adecuarse al modelo de control de constitucionalidad existente en nuestro país. Es en la función jurisdiccional, como está indicado en la última parte del artículo 133 en relación con el artículo 1° constitucionales, en donde los jueces están obligados a preferir los derechos humanos contenidos en la Constitución y en los tratados internacionales, aún a pesar de las disposiciones en contrario que se encuentren en cualquier norma inferior. Si bien los jueces no pueden hacer una declaración general sobre la invalidez o expulsar del orden jurídico las normas que consideren contrarias a los derechos humanos contenidos en la Constitución y en los tratados (como si sucede en las vías de control directas establecidas expresamente en los artículos 103, 105 y 107 de la Constitución), si están obligados a dejar de aplicar las normas inferiores dando preferencia a las contenidas en la Constitución y en los tratados en la materia. Varios 912/2010. 14 de julio de 2011. Mayoría de siete votos..."

En los términos del artículo 133 constitucional y con los criterios emitidos por el Pleno de la Suprema Corte de Justicia de la Nación a partir de la Décima Época, todo juez puede dejar de aplicar una norma jurídica por considerarla inconstitucional o inconvencional, aunque los efectos de dicha resolución solo son aplicables a las partes en la controversia.

Artículo 133. Esta Constitución, las leyes del Congreso de la Unión que emanen de ella y todos los tratados que estén de acuerdo con la misma, celebrados y que se celebren por el Presidente de la República, con aprobación del Senado, serán la Ley Suprema de toda la Unión. Los jueces de cada Estado se arreglarán a dicha Constitución, leyes y tratados, a pesar de las disposiciones en contrario que pueda haber en las Constituciones o leyes de los Estados.

III. CONCEPTO DE TRATADO INTERNACIONAL.

De acuerdo con el artículo 1 a) de la Convención de Viena sobre el Derecho de los Tratados, entre Estados y Organizaciones Internacionales o entre Organizaciones Internacionales, un tratado internacional se define como:

"Acuerdo internacional regido por el derecho internacional y celebrado por escrito"[2]

Por su parte el art. 2 de la Ley sobre la Celebración de los Tratados los conceptualiza en los siguientes términos:

"...I.—"Tratado": el convenio regido por el derecho internacional público, celebrado por escrito entre el Gobierno de los Estados Unidos Mexicanos y uno o varios sujetos de Derecho Internacional Público, ya sea que para su aplicación requiera o no la celebración de acuerdos en materias específicas, cual-

---

2 Publicada en el Diario Oficial de la Federación el 28 de abril de 1988.

quiera que sea su denominación, mediante el cual los Estados Unidos Mexicanos asumen compromisos.

De conformidad con la fracción I del artículo 76 de la Constitución Política de los Estados Unidos Mexicanos, los tratados deberán ser aprobados por el Senado y serán Ley Suprema de toda la Unión cuando estén de acuerdo con la misma, en los términos del artículo 133 de la propia Constitución..."[3]

1. *Entrada en vigor de los tratados.*

Se debe distinguir cuando un tratado internacional obliga a los Estados y en qué momento queda incorporado al ordenamiento jurídico interno.

En el ámbito internacional el tratado no entra en vigor el día en que se firma, ya que como lo establece el artículo 24.1 de la Convención de Viena Sobre el Derecho de los Tratados antes citada:

> "*Un Tratado entrará en vigor de la manera y en la fecha en que en él se disponga o que acuerden los Estados negociadores...*"

Es importante recordar el texto de los arts. 26 y 27 de la citada convención que en su parte conducente establece:

> "*Artículo 26.—Pacta sunt servanda.—Todo tratado en vigor obliga a las partes y debe ser cumplido por ellas de buena fe.*"
>
> "*Artículo 27.—El derecho interno y la observancia de los tratados. Una parte no podrá invocar las disposiciones de su derecho interno como justificación del incumplimiento de un tratado.*
>
> *Esta norma se entenderá sin perjuicio de lo dispuesto en el artículo 46.*"

---

3 Publicada en el Diario Oficial de la Federación el 2 de enero de 1992.

IV. REQUISITOS CONSTITUCIONALES PARA LA INCORPORACIÓN DE TRATADOS INTERNACIONALES EN NUESTRO ORDENAMIENTO JURÍDICO

De manera muy clara y sintética Loretta Ortiz Ahlf señala dichos requisitos:

> "Nuestra Constitución regula el proceso de celebración de los tratados en los artículos 15, 76, fracción I, 89, fracción X, 133 y 117. Los requisitos formales se centran en la celebración personal del tratado por el Presidente de la República y su aprobación por el Senado (artículos 76, fracción I y 89 fracción X) y en relación con el contenido material, el artículo 133 exige que los tratados estén de acuerdo con la Constitución, de conformidad con el principio de supremacía constitucional y el artículo 15, que no restrinjan garantías individuales ni autoricen la extradición de reos políticos. De esta forma, para que se apliquen los Tratados en México por las autoridades federales, locales y municipales, así como por jueces federales o locales, el artículo 133 Constitucional exige que estén de acuerdo con la Constitución..."[4]

Para que un tratado internacional forme parte de nuestro ordenamiento jurídico y obligue tanto a las autoridades (de cualquier nivel) como a los particulares debe cumplir con cinco requisitos fundamentales:

a) Estar firmado por el Ejecutivo Federal (art. 89 y 133), ésta facultad de suscribir los tratados internacionales es indelegable, en consecuencia, si no lo firmó el Presidente de la República es inconstitucional y no puede ser invocado como parte integrante de nuestro sistema normativo, a pesar de lo prescrito por el art. 2-VI y 3 de la Ley Sobre la Celebración de los Tratados que establece:

---

4 "La eficacia y aplicación de los tratados en México", Revista de Investigaciones Jurídicas, Escuela Libre de Derecho, Año 35, México, 2011, Núm. 35, pp.531-532.

"... *VI.—"Plenos Poderes": el documento mediante el cual se designa a una o varias personas para representar a los Estados Unidos Mexicanos en cualquier acto relativo a la celebración de tratados.*"

> "*Artículo 3o.—Corresponde al Presidente de la República otorgar Plenos Poderes.*"

b) Ser aprobado por el Senado (arts. 76-I y 133 Const.)

c) Estar de acuerdo con la Constitución (art. 133 Const.)

d) Adicionalmente se debe publicar en el Diario Oficial de la Federación en los términos del art. 4 de la Ley Sobre la Celebración de los Tratados que en su parte conducente señala:

> "*Artículo 4o... Los tratados, para ser obligatorios en el territorio nacional deberán haber sido publicados previamente en el Diario Oficial de la Federación.*"

e) Que no existan reservas por parte del Estado Mexicano a una o varias disposiciones normativas de un tratado.

En consecuencia, un tratado obliga no a partir del día de su aprobación por el Senado, sino hasta el momento en que ha sido publicado en el Diario Oficial de la Federación.

Es importante recordar que a pesar de haber sido aprobado por el Senado y haber sido publicado, puede cuestionarse su constitucionalidad a través de dos mecanismos: la acción de inconstitucionalidad en los términos del artículo 105-II y mediante el juicio de amparo de conformidad con lo prescrito por los artículos 103-I, 107-I Constitucionales.

V. IMPLICACIONES DE LAS REFORMAS CONSTITUCIONALES Y DE LA NUEVA LEY DE AMPARO EN LA FUNCIÓN NOTARIAL

Todos los cambios derivados de la reforma constitucional en conjunción con la entrada en vigor de la nueva Ley de Amparo, Reglamentaria de los Artículos 103 y 107 de la Constitución

Política de los Estados Unidos Mexicanos, están influyendo en nuestra labor cotidiana, principalmente en dos aspectos: el primero en querernos atribuir el carácter de autoridad responsable para los efectos del amparo y el segundo el considerar que debemos realizar el control constitucional y convencional de las disposiciones que regulan los actos jurídicos que se otorgan ante nuestra fe.

VI. ¿EL NOTARIO ES UNA AUTORIDAD RESPONSABLE PARA EFECTOS DEL JUICIO DE AMPARO?

De conformidad con el artículo 5° de la nueva Ley de Amparo[5] los particulares también pueden ser considerados como autoridades responsables al prescribir:

> *"Artículo 5 son partes en el juicio de amparo:... II... Para los efectos de la Ley, los particulares tendrán la calidad de autoridad responsable cuando realicen actos equivalentes a los de autoridad que afecten derechos en los términos de esa fracción y cuyas funciones están determinadas por una norma general..."*

Por su parte la Suprema Corte de Justicia de la Nación mediante jurisprudencia por contradicción de tesis (2ª/J.164/2011) estableció los requisitos para que un particular sea considerado autoridad responsable.

> **"AUTORIDAD PARA LOS EFECTOS DEL JUICIO DE AMPARO. NOTAS DISTINTIVAS.**—Las notas que distinguen a una autoridad para efectos del juicio de amparo son las siguientes: a) La existencia de un ente de hecho o de derecho que establece una relación de supra subordinación con un particular; b) Que esa relación tenga su nacimiento en la ley, lo que dota al ente de una facultad administrativa, cuyo ejercicio es irrenunciable, al ser pública la fuente de esa potestad; c) Que con motivo de esa relación emita actos unilaterales a través de los cuales cree, modifique o extinga por sí o ante sí, situaciones jurídicas que afecten la esfera legal del particular; y, d) Que pa-

5 Publicada en el Diario Oficial de la Federación el 2 de abril del 2013. Última reforma el 7 de junio de 2021.

ra emitir esos actos no requiera acudir a los órganos judiciales ni precise del consenso de la voluntad del afectado."

A mayor abundamiento se encuentran las siguientes tesis emitidas, la primera de ellas por el cuarto Tribunal Colegiado en Materia Civil del Tercer Circuito (Décima Época. Registro 2008197) y la segunda por el Primer Tribunal Colegiado en Materia Administrativa del Décimo Sexto Circuito (Décima Época, Registro 2009420).

> "**AUTORIDAD RESPONSABLE. NO TIENE ESE CARÁCTER, PARA LOS EFECTOS DEL JUICIO DE AMPARO, EL PARTICULAR SEÑALADO COMO TAL, SI LOS ACTOS QUE SE LE RECLAMAN NO REÚNEN LAS CARACTERISTICAS DE UNILATERALIDAD, IMPERIO Y SUS FUNCIONES NO ESTÁN DETERMINADAS POR UNA NORMA GENERAL.**—De la intelección del artículo 5°, fracción II, de la Ley de Amparo vigente, se desprende que, para los efectos del juicio de amparo, es autoridad responsable aquella que ordena, ejecuta o trata de ejecutar el acto que crea, modifica o extingue situaciones jurídicas en forma unilateral y obligatoria. Asimismo, en su párrafo segundo establece que a los particulares les revestirá dicho carácter cuando realicen actos equivalentes a los de esa naturaleza que afecten derechos en los mismos términos y cuyas funciones estén determinadas por una norma general. Luego entonces, si los actos equivalentes que se le imputan a un particular, señalando como autoridad responsable, no reúnen las referidas características de unilateralidad e imperio y, además sus funciones no están determinadas por una norma de carácter general, es dable concluir que no le reviste la mencionada calidad."

> "**ACTOS DE PARTICULARES. PARA CONSIDERARLOS EQUIVALENTES A LOS DE AUTORIDAD CONFORME AL ARTÍCULO 5°., FRACCIÓN II, SEGUNDO PÁRRAFO, DE LA LEY DE AMPARO, DEBEN REUNIR LAS CARACTERISTICAS DE UNILATERALIDAD, IMPERIO Y COERCITIVIDAD, ADEMÁS DE DERIVAR DE UNA RELACIÓN DE SUPRA A SUBORDINACIÓN.**—El artículo 5°., fracción II, segundo párrafo, de la Ley de Amparo prevé que los particulares tendrán la calidad de autoridad responsable cuando realicen actos equivalentes a los de autoridad, los que se conceptualizan por la propia porción normativa, como aquellos

mediante los cuales se crean, modifican o extinguen situaciones jurídicas de forma unilateral y obligatoria, siempre que las funciones del particular equiparado a autoridad responsable, estén determinadas por una norma general. De ahí que para considerar que el acto realizado por un particular equivale al de una autoridad y, por ende, es reclamable mediante el juicio constitucional, es necesario que sea unilateral y esté revestido de imperio y coercitividad, lo que implica que sea ajeno al ámbito privado o particular contractual. Además, conforme a la jurisprudencia 2ª./J. 164/2011, de la Segunda Sala de la Suprema Corte de Justicia de la Nación, publicada en el Semanario Judicial de la Federación y su Gaceta, Novena Época, Tomo XXXIV, septiembre de 2011, página 1089, de rubro: "AUTORIDAD PARA LOS EFECTOS DEL JUICIO DE AMPARO. NOTAS DISTINTIVAS.", el concepto jurídico de "autoridad responsable" lleva implícita la existencia de una relación de supra a subordinación que da origen a la emisión de actos unilaterales a través de los cuales se crean, modifican o extinguen situaciones jurídicas que afecten la esfera legal del particular. En consecuencia, para que los actos de particulares puedan ser considerados equivalente a los de autoridad, deben reunir las características de unilateralidad, imperio y coercitividad, además de derivar de una relación de supra a subordinación; por exclusión, la realización de actos entre particulares en un plano de igualdad, que no impliquen una relación en los términos apuntados, impide que pueda atribuírsele a cualquiera de ellos el carácter de autoridad responsable."

Los requisitos para que el particular pueda ser considerado como autoridad responsable son los siguientes:

a) Que realice actos equivalentes a los de una autoridad, o sea que ordene, dicte o ejecute un acto que crea, modifique o extinga situaciones jurídicas (derechos y obligaciones) que afecten la esfera legal del particular;

b) Que lo haga de manera unilateral sin que se necesite la voluntad del particular;

c) Que sea obligatorio o imperativo, es decir que el particular queda sometido al imperio de quien emite el acto;

d) Que exista una relación de supra a subordinación con el particular;

e) Que sus funciones estén determinadas por una norma general;

f) Que para emitir esos autos no requiera acudir a los órganos judiciales, ni requiera el consenso del afectado.

En consecuencia, para que un particular pueda ser considerado como autoridad responsable para efectos del juicio de amparo, se deben cumplir todos y cada uno de los requisitos enunciados.

Ya después de conocer los requisitos para que un particular pueda ser considerado autoridad responsable; es necesario definir lo que es un notario para saber si encuadra dentro de los supuestos enunciados.

En los términos del artículo 44 de la Ley del Notariado para la Ciudad de México[6] se define lo que es un notario.

> *"Artículo 44. Notario es el profesional del Derecho investido de fe pública por el Estado, y que tiene a su cargo recibir, interpretar, redactar y sustentar de forma legal a la voluntad de las personas que ante él acuden, y conferir autenticidad y certeza jurídicas a los actos y hechos pasados ante su fe, mediante la consignación de los mismos en instrumentos públicos de su autoría.*
>
> *El Notario conserva los instrumentos en el protocolo a su cargo, los reproduce y da fe de ellos.*
>
> *Actúa también como auxiliar de la administración de justicia, como consejero, árbitro o asesor internacional, en los términos que señalen las disposiciones legales relativas."*

Desde el punto de vista jurisprudencial derivada de la acción de Inconstitucionalidad 11/2002 sustentada por el Pleno de la Suprema Corte de Justicia de la Nación en sesión de 27 de

---

6 Publicada en la Gaceta Oficial de la Ciudad de México el 11 de junio de 2018. Su última reforma es del 4 de agosto de 2021.

enero de 2004, el notario es conceptualizado en los siguientes términos:

> "... el notario no es un funcionario o servidor público... es un particular que por disposición del Estado, recibe la fe pública... es el propio particular quien acude a solicitar la prestación de los servicios notariales y a quien paga por los mismos, por tanto, la actuación de los notarios no puede ser considerada como un acto de autoridad... la actividad notarial no constituye una relación de supra o subordinación entre el notario y el gobernado, ya que no es un acto unilateral que pueda prescindir del consentimiento del particular... es necesario que el particular solicite sus servicios, por tanto, los actos de los notarios no pueden considerarse actos de autoridad..."

A pesar de esta jurisprudencia, a los notarios se nos ha querido atribuir el carácter de autoridad responsable, principalmente:

a) Cuando actuamos como auxiliares de las tesorerías estatales o federales en el cálculo y entero de contribuciones de la federación, de las entidades federativas o de sus municipios;

b) En las tramitaciones de las sucesiones;

c) En las protocolizaciones de actas de asamblea;

d) Por la elaboración de escrituras derivadas de sentencias judiciales;

e) Por la omisión de la entrega de la escritura respectiva;

f) Por no aplicar la Convención sobre los Derechos de las Personas con Discapacidad.

Debido a ello es importante tener presentes los siguientes criterios jurisprudenciales, que en su caso se deben invocar si se nos quiere involucrar en un juicio de amparo como autoridad responsable:

> "Décima Época Núm. de Registro: 20010018
> Instancia: Segunda Sala Jurisprudencia
> Fuente: Gaceta del Semanario Judicial de la Federación
> Libro 22, Septiembre de 2015, Tomo I Materia(s): Común

Tesis: 2a./J. 127/2015 (10a.)
Página 510

NOTARIOS PÚBLICOS. NO SON AUTORIDAD PARA EFECTOS DEL JUICIO DE AMPARO EN LOS CASOS EN QUE CALCULAN, RETIENEN Y ENTERAN EL IMPUESTO SOBRE ADQUISICIÓN DE INMUEBLES, PORQUE ACTÚAN COMO AUXILIARES DE LA ADMINISTRACIÓN PÚBLICA.

Esta Segunda Sala de la Suprema Corte de Justicia de la Nación al resolver la contradicción de tesis 423/2014, determinó que de acuerdo con el artículo 5, fracción II, segundo párrafo, de la Ley de Amparo, para que un particular pueda ser llamado a juicio en calidad de autoridad responsable se requiere que el acto que se le atribuya: 1) sea equivalente a los de autoridad, esto es, que dicte, ordene, ejecute o trate de ejecutar algún acto en forma unilateral y obligatoria, o bien, que omita actuar en determinado sentido; 2) afecte derechos creando, modificando o extinguiendo situaciones jurídicas; y 3) que sus funciones estén determinadas en una norma general que le confiera las atribuciones para actuar como una autoridad del Estado, cuyo ejercicio, por lo general, tenga un margen de discrecionalidad. Sobre esa base, cuando el notario público por disposición legal calcula, retiene y entera el impuesto sobre adquisición de inmuebles, no tiene el carácter de autoridad responsable para efectos del juicio de amparo, en virtud de que no actúa de manera unilateral y obligatoria sino en cumplimiento de las disposiciones que le ordenan la realización de esos actos, de donde se entiende que actúa como auxiliar del fisco. Ello no implica desconocer que esos actos pueden ser considerados como la aplicación de una norma general para efectos de la promoción del juicio de amparo.

Contradicción de tesis 174/2015. Entre las sustentadas por los Tribunales Colegiados Primero en Materia Administrativa del Primer Circuito y Tercero del Décimo Octavo Circuito. 19 de agosto de 2015. Cinco votos de los Ministros Eduardo Medina Mora I., Juan N. Silva Meza, José Fernando Franco González Salas, Margarita Beatriz Luna Ramos y Alberto Pérez Dayán. Ponente: Alberto Pérez Dayán. Secretaria: Guadalupe de la Paz Varela Domínguez."

Con mucha sensatez y criterio jurídico la Segunda Sala determinó que los notarios no somos responsables por calcular y enterar los impuestos locales de adquisición de bienes inmuebles, porque actuamos como auxiliares del fisco en el cobro de dichas contribuciones; no lo hacemos de motu propio, ni tampoco de manera imperativa o coactiva.

Simplemente aplicamos la ley fiscal respectiva, misma que puede ser excesiva o inequitativa no obstante ello, los fedatarios estamos obligados a cumplirla, no podemos dejarla de aplicar porque la consideramos inconstitucional o inconvencional; carecemos de la atribución de las autoridades jurisdiccionales de dejar de aplicar una norma por considerarla violatoria de principios constitucionales o tratados internacionales. (control difuso).

Sería terriblemente injusto que por cumplir la ley se nos considere responsables. Se debe enfatizar que somos obligados solidarios en el cálculo y entero de las contribuciones, lo que significa que si el cliente no las cubre, nosotros debemos de pagarlas.

> "Época: Décima Época
> Registro: 2012121
> Instancia: Plenos de Circuito
> Tipo de Tesis: Jurisprudencia
> Fuente: Semanario Judicial de la Federación
> Publicación: viernes 15 de julio de 2016 10:15 h
> Materia(s): (Común)
> Tesis: PC.XVIII. J/12 K (10a.)
>
> **NOTARIO PÚBLICO, NO ES AUTORIDAD PARA EFECTOS DEL JUICIO DE AMPARO CUANDO CALCULA, RETIENE Y ENTERA LOS DERECHOS POR INSCRIPCIÓN EN EL REGISTRO PÚBLICO DE LA PROPIEDAD Y LOS IMPUESTOS SOBRE ADQUISICIÓN DE BIENES INMUEBLES Y ADICIONALES, CON MOTIVO DE LA FORMALIZACIÓN DE UNA ESCRITURA PÚBLICA (LEGISLACIÓN DEL ESTADO DE MORELOS).** En términos de los artículos 77 de la Ley General de Hacienda, del 94 Bis al 94 Bis-12-vigentes hasta el 6 de noviembre de 2013-y del 119 al 125 de la Ley General de Hacienda Municipal, 27, 28, 49, 50 y 182 del Código Fiscal, 12 y 57 del Reglamento de la Ley del Registro Público de la Propiedad y del Comercio, así como 1o., 2o.,

> 31, fracción VII, y 73 de la Ley del Notariado, todos del Estado de Morelos, el notario público es el particular que actúa como fedatario de los actos y hechos que los interesados le someten para su protocolización, constituyéndose en auxiliar de la administración pública local en la recaudación tributaria, cuando con motivo de la formalización de una escritura pública respectiva calcula, retiene y entera los derechos por inscripción en el Registro Público de la Propiedad y los impuestos sobre adquisición de bienes inmuebles y adicionales. En tales circunstancias, el notario no tiene el carácter de autoridad responsable ni realiza actos equivalentes a los de autoridad para efectos del juicio de amparo, conforme al artículo 5o., fracción II, de la Ley de Amparo, porque su relación con los contribuyentes no es de supra a subordinación, pues a pesar de que sus funciones están determinadas por normas generales y actúa de manera unilateral, no crea, modifica o extingue, por sí y ante sí, situaciones jurídicas que afectan la esfera jurídica de aquéllos, al precisar de la voluntad de éstos para llevar a cabo su intervención; además, la actuación del notario carece de obligatoriedad, ya que no tiene la posibilidad legal de vencer directamente cualquier clase de resistencia de los contribuyentes para cumplir en forma voluntaria las obligaciones fiscales a su cargo, lo cual propicia que el sentido de afectación del acto en la esfera jurídica del gobernado sea prácticamente inexistente. De ahí que, al no tratarse de un acto de autoridad y al no estar obligado quien lo emite a fundarlo y motivarlo, el contribuyente no puede promover juicio de amparo contra la actuación del notario en la que se aplicaron las leyes que se tildan de inconstitucionales…"

En el mismo sentido los Plenos de Circuito arribaron a la misma conclusión de la ausencia de responsabilidad de los notarios, porque no existe una relación de supra a subordinación con los contribuyentes, quienes manifestaron su consentimiento con el acto jurídico que genera el impuesto, ni tampoco porque se les puede obligar a cubrirlo.

Puede cuestionarse la inconstitucionalidad de la ley fiscal, pero no por ello el notario es responsable de acatarla.

> "Novena Época Núm. de Registro: 167897
> Instancia: Primera Sala Jurisprudencia
> Fuente: Semanario Judicial de la Federación y su Gaceta

Tomo XXIX, Febrero de 2009 Materia(s): Civil
Tesis: 1a./J. 99/2008
Página: 199

NOTARIOS PÚBLICOS. CUANDO UN TERCERO EXTRAÑO RECLAMA EL TRÁMITE DE UNA SUCESIÓN LLEVADA ANTE ELLOS, NO TIENEN EL CARÁCTER DE AUTORIDAD RESPONSABLE PARA EFECTOS DEL JUICIO DE AMPARO (LEGISLACIONES DE LOS ESTADOS DE JALISCO Y NUEVO LEÓN).

Conforme a los artículos 934, 935, 936, 937 y 938 del Código de Procedimientos Civiles del Estado de Jalisco y 800, 881, 882, 883, 884 y 885 del Código de Procedimientos Civiles del Estado de Nuevo León, una vez radicada la sucesión ante el juez natural y hecha la declaratoria de herederos, cuando éstos sean mayores de edad, los menores estén debidamente representados y haya designación del albacea, podrá continuarse extrajudicialmente el trámite sucesorio ante notario público, siempre y cuando no se suscite controversia, pues en caso de haberla, el mencionado fedatario debe suspender su intervención y a costa de los interesados remitir testimonio de lo que haya practicado al juzgado que previno, para que judicialmente continúe el procedimiento, sin que los interesados puedan volver a separarse de éste. Así, el notario público actúa en dicho trámite como simple fedatario de los actos o hechos que para su protocolización le someten los particulares, de manera que si entre éstos y aquél no existe una relación de supra a subordinación, en tanto que la actividad del fedatario no es un acto unilateral que pueda prescindir del consentimiento de los gobernados, pues son ellos quienes la solicitan, es evidente que su intervención no puede considerarse acto de autoridad; máxime que no actúa unilateralmente para crear, modificar o extinguir por sí o ante sí situaciones jurídicas que afectan la esfera legal de los particulares, sino que sólo las hace constar. En ese sentido, se concluye que cuando un tercero que se dice extraño al trámite de una sucesión llevada ante notario público, lo reclama alegando que se le desconocieron sus derechos hereditarios, en términos del artículo 11 de la Ley de Amparo el aludido fedatario no tiene el carácter de autoridad responsable para los efectos del juicio de amparo, además de que la falta de llamamiento al trámite indicado no constituye un acto definitivo sino una controversia que debe resolver el juez natural que previno en el conocimiento del juicio sucesorio…"

"Registro digital: 2020413
Instancia: Suprema Corte de Justicia de la Nación
Décima Época
Materia(s): Común
Tesis: 1a./J. 41/2019 (10a.)
Fuente: Gaceta del Semanario Judicial de la Federación
Tipo: Tesis de Jurisprudencia

NOTARIOS PÚBLICOS. NO TIENEN EL CARÁCTER DE AUTORIDADES RESPONSABLES PARA EFECTOS DEL JUICIO DE AMPARO, CUANDO SE LES RECLAMEN ACTOS DERIVADOS DE LA TRAMITACIÓN DE SUCESIONES EXTRAJUDICIALES.

De los artículos 1o. y 5o., fracción II, segundo párrafo, de la Ley de Amparo, se desprende que el juicio de amparo tiene por objeto resolver toda controversia que se suscite por normas generales, actos u omisiones de autoridad que violen los derechos humanos reconocidos y las garantías otorgados para su protección por la Constitución Política de los Estados Unidos Mexicanos y los tratados internacionales de los que el Estado Mexicano sea parte, además protege a las personas frente a normas generales, actos u omisiones por parte de los poderes públicos o de particulares en los casos señalados por esa ley. Ahora bien, los notarios públicos al tramitar sucesiones extrajudiciales, sean testamentarias o legítimas, no pueden ser considerados como autoridades responsables equiparadas para efectos del juicio de amparo. Lo anterior es así, porque sus actuaciones: i) no establecen una relación de supra subordinación respecto de los particulares, pues únicamente dan fe de la situación jurídica generada a partir de la muerte del de cujus y de los actos jurídicos que celebran los herederos, legatarios y albacea, ya sea entre ellos o con terceros, ii) no emiten actuaciones unilaterales que creen, modifiquen, transmitan o extingan derechos y obligaciones, puesto que son de carácter declarativo, y iii) no generan nuevas situaciones jurídicas, dada la función de fe pública que les fue delegada por el Estado.

Contradicción de tesis 364/2016..."

En estas dos jurisprudencias la Suprema Corte determinó que en los supuestos de las tramitaciones sucesorias sean estas judiciales o extrajudiciales los notarios no somos autoridades responsables porque en las primeras, únicamente actuamos como fedatarios de la resolución de un juez quien determina quienes son los herederos y en qué porcentaje y conforme a ella adjudicamos los bienes que integra el caudal hereditario.

En las extrajudiciales testamentarias, tanto la legislación notarial como civil de cada entidad federativa nos otorgan facultades para conocer de las mismas y elaborar una escritura en base a la voluntad del testador consignada en su último testamento. Únicamente formalizamos las disposiciones testamentarias a favor de los herederos, legatarios y albaceas. Ellos son los que nos lo solicitan. No actuamos por nuestra propia cuenta, sino a petición de ellos y en cumplimiento de la ley y de los deseos del testador.

Por su parte en las sucesiones intestamentarias, nuestra actuación está fundamentada en el Código Civil el cual prescribe quienes tienen derecho a heredar y en qué proporción. Las legislaciones civiles y notariales señalan los requisitos que se deben satisfacer:

a) Acreditar el entroncamiento con el autor de la sucesión, ya sea como cónyuge, hijos, padres, hermanos, etcétera con las actas respectivas;
b) Y con los testigos exigidos al respecto.

Cumpliendo con los mismos podemos elaborar una escritura donde se hace constar quienes son los herederos y quien es el albacea designado de común acuerdo.

Es importante recalcar que actuamos siempre a petición de parte y conforme a la legislación aplicable, y no como autoridad que impone su decisión de forma imperativa; ni tampoco creamos, modificamos o extinguimos situaciones jurídicas en forma unilateral.

> "Época: Undécima Época
> Registro: 2024593
> Instancia: Tribunales Colegiados de Circuito
> Tipo de Tesis: Aislada.
> Fuente: Semanario Judicial de la Federación
> Publicación: viernes 13 de mayo de 2022 10:18 h
> Materia(s): (Común)
> Tesis: II.30.A.4. K. (11a)

NOTARIOS PÚBLICOS. LA PROTOCOLIZACIÓN DE UNA ESCRITURA PÚBLICA NO ES UN ACTO EQUIVALENTE AL DE UNA AUTORIDAD PARA EFECTOS DE LA PROCEDENCIA DEL JUICIO DE AMPARO INDIRECTO, YA QUE ÚNICAMENTE DA FORMALIDAD AL ACTO JURÍDICO QUE CELEBRAN LAS PARTES DERIVADO DE UN ACUERDO DE VOLUNTADES.

Del artículo 5o., fracción II, de la Ley de Amparo se advierte que para que un particular se considere autoridad responsable para efectos del juicio de amparo, es necesario que los actos reclamados sean equivalentes a los de autoridad, es decir, aquellos que crean, modifican o extinguen situaciones jurídicas en forma unilateral y obligatoria, siempre que sus funciones, atribuciones o facultades para efectuarlos estén determinadas por una norma general, lo que implica que esa circunstancia deriva de la naturaleza y características propias del acto, el cual debe ser unilateral, obligatorio y afectar la esfera jurídica del quejoso. En ese orden de ideas, la protocolización de una escritura pública realizada por un notario público, en el ámbito de sus atribuciones conforme a la ley del notariado respectiva, no es un acto equivalente al de una autoridad para efectos de la procedencia del juicio de amparo indirecto, ya que no dicta, ordena, ni ejecuta un acto que crea, modifica o extinga situaciones jurídicas en forma unilateral y obligatoria, sino que únicamente da fe y protocoliza un acto jurídico que celebran las partes, derivado de un acuerdo de voluntades.

TERCER TRIBUNAL COLEGIADO EN MATERIA ADMINISTRATIVA DEL SEGUNDO CIRCUITO.”

“Décima Época Núm. de Registro: 2007186
Instancia: Tribunales Colegiados de Circuito Tesis Aislada
Fuente: Gaceta del Semanario Judicial de la Federación
Libro 9, Agosto de 2014, Tomo III Materia(s): Común
Tesis: XXVII.3o.36 K (10a.)
Página: 1852

NOTARIO PÚBLICO. NO REALIZA ACTOS EQUIVALENTES A LOS DE UNA AUTORIDAD CUANDO SE LE RECLAMA LA PROTOCOLIZACIÓN DE UNA ESCRITURA PÚBLICA, SI ÚNICAMENTE DA FORMALIDAD AL ACTO JURÍDICO QUE CELEBRAN LAS PARTES.

Conforme al artículo 5o., fracción II, de la Ley de Amparo, el concepto de autoridad responsable queda desvinculado de su

> naturaleza formal, y ahora atiende a la unilateralidad del acto susceptible de crear, modificar o extinguir obligatoriamente situaciones jurídicas, con la modalidad de que los particulares tendrán esa calidad cuando realicen actos equivalentes a los de autoridad, que afecten derechos en los referidos términos y cuyas funciones estén determinadas por una norma general. Por ende, la protocolización de una escritura pública por un notario público, al ejercer esa función en términos de la ley del notariado que rige su actuación, no implica la realización de actos equivalentes a los de una autoridad para efectos del amparo, ya que sólo autentica y da forma a los instrumentos donde constan los actos, hechos o negocios jurídicos que celebran las partes que en ellos intervienen, razón por la cual no impone disposiciones normativas ni modifica alguna situación jurídica de manera unilateral ni afecta la esfera legal de las partes, pues es el acto, hecho o negocio jurídico protocolizado el que, en sí mismo, crea, modifica o extingue situaciones jurídicas y el que, en su caso, podría causar perjuicio a las partes que intervienen.
>
> TERCER TRIBUNAL COLEGIADO DEL VIGÉSIMO SÉPTIMO CIRCUITO."

En estas tesis aisladas los Tribunales Colegiados de Circuito ratifican que en los supuestos de protocolizaciones de actos o hechos jurídicos, no somos autoridades responsables, porque únicamente damos fe de los acuerdos de voluntades plasmados en un documento. Nuestro actuar se limita a dar forma y autenticar los pactos celebrados entre los contratantes.

En las protocolizaciones de actas de asambleas de accionistas, socios o asociados, nosotros verificamos que se hayan cumplidos los requisitos estatutarios: a) de previa convocatoria; b) quórum de asistencia y de votación y c) que los acuerdos adoptados no sean contrarios a la ley. A petición del delegado especial facultado por la asamblea, los formalizamos para que puedan surtir efectos contra terceros. Nosotros no determinamos quienes integran el órgano de administración y sus facultades o quiénes son los que constituyan el órgano de vigilancia, ni tampoco imponemos cuál es el objeto social de esa persona moral, ni quiénes son sus apoderados. Debido a ello, no somos autoridades, ya que no creamos, modificamos o extinguimos derechos y obligaciones de manera unilateral y obligatoria.

Novena Época Núm. de Registro: 192034
Instancia: Tribunales Colegiados de Circuito Tesis Aislada
Fuente: Semanario Judicial de la Federación y su Gaceta
Tomo XI, Abril de 2000 Materia(s): Civil
Tesis: II.30.C.4 C
Página: 971

NOTARIOS PÚBLICOS, NO SON AUTORIDAD RESPONSABLE PARA LOS EFECTOS DEL AMPARO CUANDO SU ACTUACIÓN DERIVA DE UNA ORDEN JUDICIAL.

De conformidad con el artículo 11 de la Ley de Amparo, es autoridad responsable la que ejecuta o trata de ejecutar el acto reclamado. Efectivamente, el notario es un fedatario público al que la ley le otorga la facultad de autentificar y dar forma a los actos y hechos jurídicos, por lo que cuando actúa en ejercicio de esas facultades, a virtud de una disposición jurisdiccional, su actuación no implica la aplicación o ejecución de alguna determinación de observancia obligatoria, como tampoco la modificación de una situación jurídica determinada o la afectación de la esfera legal del gobernado, ya que no trata de imponer disposiciones normativas ni actúa motu proprio, sino en acatamiento del referido mandato jurisdiccional, que es donde propiamente se hizo la aplicación de la ley y en donde se decretó la afectación de la esfera jurídica de las partes contendientes. Consecuentemente, el fedatario que da autenticidad y forma legal al acto jurídico base de la acción, en el juicio natural, no actúa como autoridad para efectos del amparo, sino como simple fedatario de ese acto que fue materia de una controversia jurisdiccional y por ende, el juicio de amparo contra actos del notario público, resulta improcedente.

TERCER TRIBUNAL COLEGIADO EN MATERIA CIVIL DEL SEGUNDO CIRCUITO.”

“Décima Época Núm. de Registro: 2010063
Instancia: Tribunales Colegiados de Circuito Tesis Aislada
Fuente: Gaceta del Semanario Judicial de la Federación
Libro 22, Septiembre de 2015, Tomo III Materia(s): Común
Tesis: 1.30.C.88 K (10a.)
Página: 2091

NOTARIO PÚBLICO. NO TIENE EL CARÁCTER DE AUTORIDAD RESPONSABLE PARA EFECTOS DEL AMPARO, DADO QUE CARECE DE FACULTADES PARA CREAR, MODIFICAR O EXTINGUIR SITUACIONES JURÍDICAS EN FORMA UNILATERAL Y OBLIGATORIA.

El artículo 5o., fracción II, de la Ley de Amparo establece la norma que regula las notas características del acto de autoridad, en cuanto crean, modifican o extinguen situaciones jurídicas en forma unilateral y obligatoria, así como también identifica como autoridad a los particulares cuyas funciones estén determinadas por una norma general que los faculte para realizar actos equivalentes a aquellos que afecten derechos en términos de esta fracción. En ese sentido, la intervención de un notario en la elaboración de una escritura, no le otorga la calidad de autoridad responsable en el juicio de amparo, porque no dicta, ordena, ni ejecuta un acto que crea, modifica o extinga situaciones jurídicas en forma unilateral y obligatoria, sino que únicamente da fe y protocoliza el acto de la autoridad judicial. Esto es, la objetiva posibilidad legalmente prevista de que un ente del gobierno o un particular puedan ser considerados como autoridades responsables para efectos del juicio de amparo, deriva de la naturaleza y características propias del acto que emiten u omiten, pues no sólo debe tener las cualidades específicas señaladas de unilateralidad y obligatoriedad, sino que también deben trascender o impactar en la esfera jurídica del gobernado, creando, modificando o extinguiendo situaciones jurídicas o fácticas, siempre que esa posibilidad para el particular derive de una facultad expresa conferida por normas generales. En esas condiciones, si bien es cierto que aunque el artículo 5o., fracción II, de la Ley de Amparo establece que para los efectos de la propia ley, los particulares tendrán la calidad de autoridad responsable cuando realicen actos equivalentes a los de autoridad, que afecten derechos en los términos de la citada fracción y cuyas funciones estén determinadas por una norma general, también lo es que el notario público no se encuentra en ese supuesto, pues lo que se reclama de éste es cualquier acto tendente a tirar la escritura del inmueble materia del juicio de origen, lo que implica que únicamente dará fe del acto de adjudicación, con lo cual da la forma de escritura pública a ese acto, para efecto de su inscripción; pero no actúa por sí y ante sí, de manera unilateral, para afectar la esfera jurídica de la quejosa, máxime que de los artículos 11 y 12 de la Ley del Notariado para el Distrito Federal se advierte que los notarios públicos son sólo auxiliares de la administración de justicia, así como que están obligados a prestar sus servicios profesionales cuando para ello fueren requeridos por las autoridades, por los particulares o en cumplimiento de resoluciones judiciales.

TERCER TRIBUNAL COLEGIADO EN MATERIA CIVIL DEL PRIMER CIRCUITO."

Con justa razón el Colegiado ratifica lo que es de sentido común. Un notario no puede ser responsable, por acatar y cumplir una resolución judicial. La afectación de los derechos deriva de la sentencia y no de la formalización de la misma.

Igualmente es importante la siguiente jurisprudencia:

> 1a./J.82/2024 (11a.) Registro Digital 2028967
>
> **NOTARIOS PÚBLICOS. NO TIENEN EL CARÁCTER DE AUTORIDADES RESPONSABLES PARA EFECTOS DEL JUICIO DE AMPARO, CUANDO SE LES RECLAME LA OMISION DE ENTREGAR UNA ESCRITURA PÚBLICA.**

Acertadamente la primera sala definió la ausencia de nuestra responsabilidad como notarios por la omisión de entregar una escritura. Evidentemente no podemos ser responsables por actos de las propias autoridades administrativas que entorpecen o dilatan los trámites de inscripción en el Registro Público de la Propiedad de la escritura respectiva. Los rezagos de instrumentos sin registrar son alarmantes, por múltiples razones desde exceso de trabajo, hasta por el escaso personal capacitado.

Hoy en día un tema muy trascendente en nuestra función notarial es el relativo a los derechos de las personas con discapacidad y principalmente a las que sufren una discapacidad mental o emocional.

Se ha demandado a notarios como autoridades responsables por no aplicar la Convención sobre los Derechos de las Personas con Discapacidad.[7] Por ello es importante conocer los postulados y principios fundamentales de la misma.

Esta convención considera a las personas con discapacidad a todas aquellas que tienen una deficiencia física, mental, intelectual o sensorial.

El artículo 4 establece las obligaciones de los Estados parte de la Convención, en los siguientes términos:

---

7 Aprobada por el Senado el 27 de septiembre de 2007 y publicada en el Diario Oficial de la Federación el 2 de mayo de 2008.

> *"Artículo 4. Obligaciones generales. 1. Los Estados Partes se comprometen a: a) Adoptar todas las* ***medidas legislativas****, administrativas y de otra índole que sean pertinentes para hacer efectivos los derechos reconocidos en la presente Convención; b) Tomar todas las medidas pertinentes, incluidas medidas legislativas,* ***para modificar o derogar leyes, reglamentos*** *[...] 5. Las disposiciones de la presente Convención se aplicarán a todas las partes de los Estados federales sin limitaciones ni excepciones"* (énfasis añadido).

Tal como se aprecia el Estado Mexicano se comprometió a modificar o en su caso derogar las leyes y reglamentos para adecuarlos al marco normativo de la Convención. No es responsabilidad de los notarios ajustar las disposiciones jurídicas o dejar de aplicar la ley por considerarla inconvencional.

Es importante recalcar que son los órganos ejecutivo, legislativo y judicial los obligados a realizar los ajustes necesarios, para que nuestras normas consignen expresamente los derechos reconocidos a las personas con discapacidad y modifiquen aquellas disposiciones que prescriben restricciones injustificadas a dichos derechos.

El artículo 12 es uno de los más importantes de la Convención sobre los Derechos de las Personas con Discapacidad al prescribir en su parte conducente lo siguiente:

> *"Artículo 12. 1. Los Estados Partes reafirman que las personas con discapacidad tienen derecho en todas partes al reconocimiento de su personalidad jurídica. —2. Los Estados Partes reconocerán que las personas con discapacidad tienen capacidad jurídica en igualdad de condiciones con las demás en todos los aspectos de la vida. 3. Los Estados Partes adoptarán las medidas pertinentes para proporcionar acceso a las personas con discapacidad al apoyo que puedan necesitar en el ejercicio de su capacidad jurídica [...] 4 [...] Esas salvaguardias asegurarán que las medidas relativas al ejercicio de la capacidad jurídica respeten los derechos, la voluntad y las preferencias de la persona, que no haya conflicto de intereses ni influencia indebida, que sean proporcionales y adaptadas a las circunstancias de la persona, que se apliquen en el plazo más corto posible y que estén sujetas a exámenes periódicos por parte de una autoridad o un órgano judicial competente*

> *independiente e imparcial [...] 5 [...] Los Estados Partes tomarán todas las medidas que sean pertinentes y efectivas para garantizar el derecho [...] a ser propietarias y heredar bienes, controlar sus propios asuntos económicos y tener acceso en igualdad de condiciones a préstamos bancarios, hipotecas y otras modalidades de crédito financiero [...]"* (énfasis añadido).

El primer aspecto relevante y toral es el reconocimiento a la personalidad jurídica de las personas con discapacidad y a la capacidad jurídica en igualdad de condiciones con todas las personas, en todos los aspectos de la vida.

Asimismo, se consigna la obligación de los Estados de proporcionar el apoyo necesario para que puedan ejercitar su capacidad jurídica y asegurar que se respeten sus derechos, su voluntad y preferencias y se eviten los conflictos de intereses y las influencias indebidas, y que las medidas adoptadas sean proporcionarles y adecuadas a las circunstancias de la persona con discapacidad.

También cabe destacar el compromiso de los Estados Partes para garantizar a las personas con discapacidad, entre otros, los derechos a ser propietarios, a heredar bienes, a controlar sus propios asuntos económicos, a tener acceso a créditos bancarios en igualdad de condiciones.

En el ejercicio de la función notarial no existen problemas con personas con discapacidades visuales, auditivas, motrices, ni tampoco si no puede hablar o si no sabe o puede firmar, ya que los artículos 1512 al 1519 del Código Civil para el Distrito Federal, hoy Ciudad de México, al igual que los artículos 103-XIX, y 105 al 108 de la Ley del Notariado para la Ciudad de México, señalan las soluciones.[8]

---

8 "Artículo 1514. Cuando el testador declare que no sabe o no puede firmar el testamento, uno de los testigos firmará a ruego del testador y éste imprimirá su huella digital."
"Artículo 1515. Los que fueren mudos o sordomudos, pero que puedan leer y escribir expresaran su voluntad al notario por escrito, en presencia de dos testigos. El Notario redactará por escrito las cláusulas del testamento sujetándose estrictamente a la voluntad del testador, y una vez

leído y aprobado el testamento por el testador firmarán la escritura el testador, los dos testigos y el notario como previene el artículo 1512."

"Artículo 1516. El que fuere enteramente sordo; pero que sepa leer, deberá dar lectura a su testamento; si no supiere o no pudiere hacerlo, designará una persona que lo lea a su nombre."

"Artículo 1517. Cuando el testador sea ciego o no pueda o no sepa leer, se dará lectura al testamento dos veces: una por el notario, como está prescrito en el artículo 1512, y otra, en igual forma, por uno de los testigos u otra persona que el testador designe."

"Artículo 1518. Cuando el testador ignore el idioma del país, si puede, escribirá su testamento, que será traducido al español por el intérprete a que se refiere el artículo 1503. La traducción se transcribirá como testamento en el respectivo protocolo y el original, firmado por el testador, el intérprete y el notario, se archivará en el apéndice correspondiente del notario que intervenga en el acto.—Si el testador no puede o no sabe escribir, el intérprete escribirá el testamento que dicte aquél y leído y aprobado por el testador, se traducirá al español por el intérprete que debe concurrir al acto; hecha la traducción se procederá como se dispone en el párrafo anterior.—Si el testador no puede o no sabe leer, dictará en su idioma el testamento al intérprete. Traducido éste, se procederá como dispone el párrafo primero de este artículo.—En este caso el intérprete podrá intervenir, además, como testigo de conocimiento."

"Artículo 1519. Las formalidades expresadas en este capítulo se practicarán en un solo acto que comenzará con la lectura del testamento y el notario dará fe de haberse llenado aquéllas."

"Artículo 103. El Notario redactará las escrituras en español [...] y observará las reglas siguientes: [...] XIX. Hará constar bajo su fe: a) Su conocimiento, en caso de tenerlo o que se aseguró de la identidad de los otorgantes, y que a su juicio tienen capacidad; b) Que hizo saber a los otorgantes el derecho que tienen de leer personalmente la escritura y de que su contenido les sea explicado por el Notario; c) Que les fue leída la escritura a los otorgantes y a los testigos e intérpretes, o que ellos la leyeron, manifestaron todos y cada uno su comprensión plena; d) Que ilustró a los otorgantes acerca del valor, las consecuencias y alcance legales del contenido de la escritura cuando a su juicio así proceda, o de que fue relevado expresamente por ellos de dar esa ilustración, declaración que asentará; e) Que quien o quienes otorgaron la escritura, mediante la manifestación de su conformidad, así como mediante su firma, en defecto de ésta, por la impresión de su huella digital al haber manifestado no saber o no poder firmar. En sustitución del otorgante que no firme por los supuestos indicados, firmará a su ruego quien aquél elija; en los casos que el Notario lo considere conveniente podrá solicitar al usuario, asiente en el instrumento correspondiente, además de su firma, su huella digital;"

Es de suma importancia, recalcar que los notarios no estamos facultados ni obligados a dejar a un lado la legislación notarial y civil que nos rige, para adecuar nuestro actuar en los términos de la Convención.

Para poder dimensionar la problemática que implica aplicar las disposiciones de la Convención a la función notarial es necesario conocer la fundamentación del actuar del notario y las sanciones a que se hace acreedor por no cumplir las normas consignadas en la Ley del Notariado para la Ciudad de México, entre las que cabe destacar las siguientes:

> *"Artículo 27 [...] La función notarial es el conjunto de actividades que el Notario realiza conforme a las disposiciones de esta Ley,* ***para garantizar*** *el buen desempeño y* ***la seguridad jurídica*** *en el ejercicio de dicha función autenticadora [...]"*

"Artículo 106. Para que el Notario haga constar que los otorgantes tienen capacidad bastará con que no observe en ellos manifestaciones de incapacidad natural y que no tenga noticias de que estén sujetos a incapacidad civil."

"Artículo 107. Si alguno de los otorgantes fuere sordo, leerá la escritura por sí mismo; el Notario le indicará por sí o por intérprete que tiene todo el tiempo que desee para imponerse del contenido de la escritura y que por esta Ley el Notario está a su disposición para contestar sus dudas, previa explicación que se le dará de la forma descrita arriba; si declarare no saber o no poder leer, designará a una persona que la lea y le dé a conocer su contenido. En caso de que hubiere necesidad de un intérprete, éste deberá firmar la escritura como tal identificándose satisfactoriamente en términos de esta Ley y de ser posible acreditará dicha capacidad con documentos o indicios relativos. En todo caso, el Notario hará constar la forma en que los otorgantes sordos manifestaron su rogación o adherencia, otorgaron su voluntad y consentimiento y se impusieron del contenido de la escritura y de sus consecuencias jurídicas."

"Artículo 108. Los comparecientes que no conozcan o hablen idioma español, que fueren sordomudos, o que declararan ante el Notario que su conocimiento del mismo no es suficiente para discernir jurídicamente sus obligaciones, se asistirán por un intérprete nombrado y pagado a costa de ellos, en este caso los demás comparecientes tendrán el mismo derecho. Los intérpretes deberán rendir ante el Notario protesta de cumplir lealmente su cargo."

> *"Artículo 103 [...] XIX. Hará* ***constar bajo su fe:*** *a) Su conocimiento, en caso de tenerlo o que se aseguró de la identidad de los otorgantes, y* ***que a su juicio tiene capacidad*** *[...]"*
>
> *"Artículo 106 [...] Para que el Notario haga constar que los otorgantes tienen capacidad legal* ***bastará con que no observe en ellos manifestaciones de incapacidad natural y que no tenga noticias de que estén sujetos a incapacidad civil."***
>
> *"Artículo 235. El Notario* ***incurrirá en responsabilidad administrativa por violaciones a esta Ley o a otras Leyes*** *relacionadas con su función pública y con motivo del ejercicio de la misma, siempre que tales violaciones sean imputables al Notario [...]"*
>
> *"Artículo 239. Se sancionará al Notario* ***con multa*** *de una a treinta veces la unidad de medida y actualización vigente en el momento del incumplimiento [...] IV.—Por provocar por culpa o dolo,* ***la nulidad de un instrumento*** *o testimonio, siempre que cause daño o perjuicio directo a los prestatarios o destinatarios [...]"*
>
> *"Artículo 240. Se sancionará con* ***suspensión*** *del ejercicio de la función notarial de tres días hasta por un año [...] IV. Por provocar en una segunda ocasión por culpa o dolo* ***la nulidad de algún instrumento*** *o testimonio [...]"* (énfasis añadido)

Se debe recalcar que únicamente las autoridades que realizan funciones jurisdiccionales pueden llevar a cabo el control constitucional y convencional y dejar de aplicar una determinada ley. Ni siquiera las autoridades administrativas pueden realizar el control difuso.

Con base en lo anterior, es más que evidente que los notarios no podemos dejar de aplicar la norma que regula el acto jurídico que formalizamos, con el pretexto de que dicha disposición normativa, no está acorde con el texto constitucional o con un tratado internacional en materia de derechos humanos.

La Primera Sala ha emitido diversos criterios jurisprudenciales acerca del contenido y alcance de los derechos de las personas con discapacidad.

Entre otras cabe destacar las siguientes tesis jurisprudenciales significativas:

a) Registro Digital 2019957. Décima Época Primera Sala de fecha 13 de marzo de 2019.

PERSONA CON DISCAPACIDAD. EL DÉFICIT DE LA CAPACIDAD MENTAL NO DEBE UTILIZARSE COMO JUSTIFICACIÓN PARA NEGAR SU CAPACIDAD JURÍDICA

b) Registro Digital 2019963. Décima Época. Primera Sala de fecha 13 de marzo de 2019.

"PERSONAS CON DISCAPACIDAD. LOS ARTÍCULOS 23 Y 450 DEL CÓDIGO CIVIL PARA EL DISTRITO FEDERAL, APLICABLE PARA LA CIUDAD DE MÉXICO, REALIZAN UNA DISTINCIÓN BASADA EN UNA CATEGORÍA SOSPECHOSA (DISCAPACIDAD) Y POR ENDE VIOLAN LOS DERECHOS HUMANOS A LA IGUALDAD Y A LA NO DISCRIMINACIÓN

c) Registro digital: 2025657. Undécima Época. Primera Sala.

PERSONAS CON DISCAPACIDAD. ES OBLIGACIÓN DEL NOTARIO PÚBLICO REALIZAR AJUSTES RAZONABLES EN SEDE NOTARIAL, A EFECTO DE HACER VIABLE EL EJERCICIO DE LA CAPACIDAD JURÍDICA PLENA DE AQUÉLLAS MEDIANTE UN SISTEMA DE APOYOS Y SALVAGUARDIAS [...]"

La Primera Sala de Justicia de la Nación determina que conforme a las obligaciones contraídas por el Estado Mexicano al suscribir la Convención sobre los Derechos de las Personas con Discapacidad, el notario público se encuentra obligado a realizar ajustes razonables en los trámites que se le soliciten, a efecto de hacer viable el ejercicio de la capacidad jurídica plena de personas mayores de edad con discapacidad, mediante la implementación de un sistema de apoyos y salvaguardias [...]

Lo anterior implica que el fedatario debe admitir que la persona que pudiere requerir de apoyos para manifestar su voluntad, cuente efectivamente con ellos, ya sea que hayan sido designados por una autoridad jurisdiccional, que la propia persona los elija y los designe ante él, o que se determinen con su asesoría y/o gestión, procurando que los que se establezcan sean adecuados para facilitar la expresión de la voluntad del otorgante; debiéndose asentar en el instrumento cuál fue la

> forma en que intervinieron, o en qué operaron los apoyos, para seguridad jurídica; asimismo, **debe asegurarse que no exista algún conflicto de intereses o influencia indebida que pudiere operar en perjuicio de la persona con discapacidad y sólo en caso de que, aun con dicha asistencia, no fuere posible conocer la voluntad de ésta, el notario podrá negar la autorización del instrumento,** reconduciendo a la persona al órgano jurisdiccional competente, ante quien se pueda solicitar que se establezca el sistema de apoyos y salvaguardias necesario para auxiliarla respecto del acto jurídico de que se trate. (énfasis añadido)

En el momento que se reformen las leyes para permitir que las personas con discapacidad mental puedan realizar los actos jurídicos que deseen, debidamente asistidos, los notarios podremos otorgarles a los terceros que contraten con ellos la certeza y seguridad jurídica necesaria.

Mientras no se realicen estas modificaciones normativas ¿Con qué confianza se puede formalizar un acto traslativo de dominio o un testamento realizado por una persona con discapacidad mental aunque se encuentre asistido?

Los conflictos latentes son más que evidentes, porque no se tiene la seguridad o la salvaguarda (utilizando el lenguaje de la convención) de que no haya conflicto de intereses entre el asistente y la persona con discapacidad mental o si se presenta una influencia indebida. Dicho de otra manera, quien califica la idoneidad, responsabilidad y honorabilidad del asistente y ¿con qué parámetros? Este es un aspecto muy delicado que nuestros tribunales deben pronunciarse al respecto.

Son dudas razonables que se tienen que meditar y resolver, porque tal y como están las cosas, es preferible abstenerse de formalizar cualquier acto jurídico otorgado por una persona con discapacidad mental tanto por su protección, como por la seguridad de quien contrate con ella.

Es muy importante que el legislador expida las leyes necesarias para que se logre armonizar los derechos humanos de las personas con discapacidad mental, con los derechos de los terceros que celebren un acto jurídico con ellos.

Mientras no se modifiquen el Código Civil y la Ley del Notariado para la Ciudad de México, los notarios debemos ser muy prudentes en nuestro actuar; y si consideramos que el solicitante del servicio notarial no expresa su voluntad de forma consciente y libre para celebrar el acto, no podemos permitir que lo haga.

Es nuestra responsabilidad velar por la seguridad jurídica y evidentemente la escritura otorgada ante nuestra fe, puede ser nulificada por no cumplir con las prescripciones legales y generar serios perjuicios a los terceros.[9]

Es importante reiterar que la jurisprudencia emitida por la Suprema Corte de Justicia de la Nación, (sea por precedentes, reiteración o por contradicción de criterios) es únicamente obligatoria para las autoridades que realicen funciones jurisdiccionales, sea estas federales o locales en los términos de los artículos 216 y 217 de la Ley de Amparo.

VII. RECURSO SI SE LE ATRIBUYE AL NOTARIO EL CARÁCTER DE AUTORIDAD RESPONSABLE

No obstante, los citados criterios jurisprudenciales en donde se concluye que los notarios no somos autoridades responsables; es factible que se nos demande con ese carácter y así lo han sostenido algunos Tribunales Colegiados de Circuito tal como se aprecia a continuación:

> "Décima Época Núm. de Registro 2005677
> Instancia: Tribunales Colegiados de Circuito Tesis Aislada
> Fuente: Gaceta del Semanario Judicial de la Federación Libro 3, Febrero de 2014, Tomo III Materia(s): Común
> Tesis: IV.2o.A.40 K (10a.)
> Página 2320

---

9 Se puede consultar la queja civil número 62/2016-13 resuelta por el Décimo Tercer Tribunal Colegiado en Materia Civil del Primer Circuito en el que se determinó que el notario no es autoridad responsable por no haber aplicado la Convención de los Derechos de las Personas con Discapacidad.

DEMANDA DE AMPARO. NO PROCEDE DESECHARLA DE PLANO, POR LA ACTUALIZACIÓN DE UNA CAUSA MANIFIESTA E INDUDABLE DE IMPROCEDENCIA, CON MOTIVO DE QUE EL JUICIO SE PROMUEVA CONTRA ACTOS DE UN NOTARIO PÚBLICO Y DE SU SUPLENTE.

De conformidad con el artículo 113 de la Ley de Amparo, el desechamiento de plano de la demanda procede cuando la causa de improcedencia del juicio sea manifiesta e indudable, es decir, que se advierta de forma patente y absolutamente clara de la lectura del escrito relativo. De ello se sigue que si el juicio de amparo se promueve contra actos de un notario público y de su suplente, como particulares en funciones de autoridad y como autoridades en funciones, alegando violación al derecho humano a la propiedad privada, no es posible desechar de plano la demanda con motivo de que es manifiesta e indudable la causa de improcedencia prevista en el artículo 61, fracción XXIII, en relación con el numeral 1o., fracción I, de la ley citada, pues en términos de este último precepto, el tema relativo a si el acto reclamado fue emitido o no por una autoridad para efectos del juicio, requiere de un análisis más detallado, relacionado con el fondo del asunto, concretamente en cuanto a la naturaleza de los actos imputados al notario público y a su suplente...

SEGUNDO TRIBUNAL COLEGIADO EN MATERIA ADMINISTRATIVA DEL CUARTO CIRCUITO..."

"[TA]: 10a.Epoca; T.C.C.; S.J.F. y su Gaceta, Libro XVII, Febrero de 2013, Tomo 2; Pág.1323

AUTO INICIAL DE TRAMITE DE LA DEMANDA DE AMPARO CUANDO YA SE ENCUENTRA DEFINIDO EXPRESAMENTE POR JURISPRUDENCIA DE LA SUPREMA CORTE DE JUSTICIA DE LA NACIÓN QUE UNA AUTORIDAD SEÑALADA COMO RESPONSABLE NO TIENE TAL CARÁCTER PARA EFECTOS DEL JUICIO DE AMPARO EN ALGÚN ACTO DETERMINADO, SI ES PROCEDENTE EL ESTUDIO DE ESTE ASPECTO EN LA CITADA ACTUACIÓN SIN QUE SEA DABLE LA APLICACIÓN DE LA ANALOGÍA EN ESE MOMENTO [INTERPRETACIÓN DE LA JURISPRUDENCIA 2a./J. 54/2012 (10a.)]...

PRIMER TRIBUNAL COLEGIADO EN MATERIA ADMINISTRATIVA DEL SEXTO CIRCUITO..."

Ante la eventualidad de ser demandados debemos promover el recurso de queja, ante el juzgado de distrito que admitió la demanda de amparo en un plazo de cinco días. **Artículos** 97-inciso a, 98 y 99 de la Ley de Amparo.

> *"Artículo 97. El recurso de queja procede: I. En amparo indirecto, contra las siguientes resoluciones: a) Las que admitan total o parcialmente, desechen o tengan por no presenta una demanda de amparo o su ampliación;..."*
>
> *"Artículo 98. El plazo para la interposición del recurso de queja es de cinco días..."*
>
> *"Artículo 100. En el escrito de queja se expresarán los agravios que cause la resolución recurrida..."*

En el escrito de queja se deben exponer los agravios que cause la resolución recurrida y justificar que no es autoridad responsable en los términos de las jurisprudencias relacionadas en el capítulo precedente, inclusive anteriores al 2013, ya que siguen siendo obligatorias en los términos del artículo sexto transitorio de la Ley de Amparo que establece que la jurisprudencia integrada conforme a la ley anterior continuará en vigor en lo que no se oponga a la nueva ley.

Asimismo, en el mismo escrito es recomendable rendir ad cautelam un informe justificativo exponiendo los fundamentos para sostener la improcedencia del juicio de amparo y la constitucionalidad o legalidad del acto reclamado; asimismo se deben acompañar copias certificadas de las constancias necesarias para justificar los razonamientos expuestos y las pruebas necesarias para ello. (art. 117 de la Ley de Amparo).

Quien resuelve el recurso de queja es un Tribunal Colegiado de Circuito. (art. 37-III de la Ley Orgánica del Poder Judicial de la Federación).

VIII. CONSECUENCIAS DE SER CONSIDERADO AUTORIDAD RESPONSABLE.

En el supuesto caso de que el Tribunal Colegiado de Circuito no hubiera resuelto favorablemente el recurso de queja, o de no haberlo interpuesto, el notario demandado debe presentar un informe justificativo dentro del plazo de 15 días, y de no hacerlo se presumirá cierto el acto reclamado. (arts. 117 y 142 de la Ley de Amparo)

> "*Artículo 117. La autoridad responsable deberá rendir su informe con justificación por escrito o en medios magnéticos dentro del plazo de quince días, con el cual se dará vista a las partes. El órgano jurisdiccional, atendiendo a las circunstancias del caso, podrá ampliar el plazo por otros diez días...*"
>
> "*Artículo 142. La falta de informe previo hará presumir cierto el acto reclamado para el sólo efecto de resolver sobre la suspensión definitiva...*"

Adicionalmente se hace acreedor a una multa de cien a mil UMAS en los términos del artículo 260 de la Ley de Amparo:

> "*Artículo 260. Se sancionará con multa de cien a mil días a la autoridad responsable que: I. No rinda el informe previo; II. No rinda el informe con justificación o lo haga sin remitir, en su caso, copia certificada completa y legible de las constancias necesarias para la solución del juicio constitucional u omita referirse a la representación que aduzca el promovente de la demanda en términos del artículo 11 de esta Ley...*"

Si el quejoso solicita la suspensión, el notario debe presentar un informe previo en donde exprese si son o no ciertos los actos reclamados que se le atribuyen y las razones sobre la procedencia o no de la suspensión.

Una vez recibidos los informes, se celebrará la audiencia constitucional en la cual se desahogarán las pruebas ofrecidas por las partes y admitidas por el juzgado de distrito.

Acto seguido se emite la sentencia, sea en el momento de celebrarse la audiencia constitucional o posteriormente.

Para el caso que la sentencia fuera condenatoria, el notario puede impugnarla mediante el recurso de revisión dentro de un plazo de diez días ante el órgano que dictó la resolución. (arts. 81-I, 83, 84, 86 y 87 de la Ley de Amparo).

El Tribunal Colegiado de Circuito o en su caso La Suprema Corte de Justicia de la Nación resuelven el recurso. (arts.

21-III y 38-II de la Ley Orgánica del Poder Judicial de la Federación)

Si la sentencia es desfavorable para el notario la debe cumplir en un plazo de 3 días, de no hacerlo sin causa justificada, se impondrá una multa. Asimismo, se le impondrá una pena de 5 a 10 años de prisión y multa de 100 a 1000 UMAS y en su caso destitución e inhabilitación de 5 a 10 años para desempeñar otro cargo o empleo. (arts. 192, 193, 204 y 267 de la Ley de Amparo).

> *"Artículo 192. Las ejecutorias de amparo deben ser puntualmente cumplidas..."*
>
> *"Artículo 193. Si la ejecutoria no quedó cumplida en el plazo fijado y se trata de amparo indirecto, el órgano judicial de amparo hará el pronunciamiento respectivo, impondrá las multas que procedan y remitirá los autos al tribunal colegiado de circuito, lo cual será notificado a la autoridad responsable y, en su caso, a su superior jerárquico... El tribunal colegiado de circuito notificará a las partes la radicación de los autos, revisará el trámite del a quo y dictará la resolución que corresponda; si reitera que hay incumplimiento remitirá los autos a la Suprema Corte de Justicia de la Nación con un proyecto de separación del cargo del titular de la autoridad responsable y, en su caso, del de su superior jerárquico, lo cual será notificado a éstos..."*
>
> *"Artículo 204. El incidente de cumplimiento sustituto tendrá por efecto que la ejecutoria se dé por cumplida mediante el pago de los daños y perjuicios al quejoso."*
>
> *Artículo 267. Se impondrá pena de cinco a diez años de prisión, multa de cien a mil días, en su caso destitución e inhabilitación de cinco a diez años para desempeñar otro cargo, empleo o comisión públicos a la autoridad que dolosamente: I. Incumpla una sentencia de amparo o no la haga cumplir;..."*

IX. CONCLUSIONES

1. El notario es un particular profesional del Derecho, investido de fe pública por el Estado que brinda seguridad jurídica y certeza en los actos y hechos de los que da fe, de una manera imparcial. Tiene a su cargo recibir, interpretar, redactar y dar

forma legal a la voluntad de las personas que ante él acuden y conferir autenticidad y certeza jurídica a los actos y hechos pasados ante su fe, mediante la consignación de los mismos en instrumentos públicos de su autoría.

2. La obligación del notario es aplicar la ley, sea esta federal o local que regula el acto jurídico que se va a otorgar o formalizar, sin calificar su constitucionalidad o convencionalidad. Esta atribución es exclusiva de las autoridades jurisdiccionales, quienes pueden dejar de aplicar una norma para el caso concreto si la consideran inconstitucional o inconvencional.

3. El notario no es autoridad responsable para los efectos del juicio de amparo, ya que en los actos jurídicos en que interviene siempre es a petición de parte y con el consentimiento de los comparecientes, no es unilateral, obligatoria ni coactiva, y no existe una relación de supra a subordinación con el particular, y por ello no cumple con los requisitos legales y jurisprudenciales para ser considerado como tal.

4. A partir de la reforma constitucional del 2011 que incorpora a nuestra Ley Suprema los Tratados Internacionales y con la publicación de la Ley de Amparo en 2013 los criterios de las autoridades jurisdiccionales se han modificado sustancialmente.

5. Todos los jueces sean estos federales o locales están obligados a resolver las controversias analizando la constitucionalidad y convencionalidad de las disposiciones normativas y en su caso, dejarlas de aplicar para el caso concreto (control difuso) porque violentan los principios constitucionales o los tratados internacionales en materia de derechos humanos.

6. Existen criterios jurisprudenciales emitidos tanto por la Suprema Corte de Justicia de la Nación como de Tribunales Colegiados en el sentido de que los notarios no somos autoridades responsables en los siguientes supuestos:

a) Cuando actúa como auxiliar de las tesorerías estatales o federales en el cálculo y entero de contribuciones de la federación, de las entidades federativas o de sus municipios;

b) En las tramitaciones de las sucesiones.

c) En las protocolizaciones de actas de asambleas.

d) Por la elaboración de escrituras derivados de sentencias.

e) Por la omisión de entrega de la escritura respectiva.

7. Los jueces de distrito han admitido demandas donde se señala a los notarios como autoridades responsables para efectos del amparo. Ante esa eventualidad se debe interponer el recurso de queja dentro de los 5 días siguientes a la notificación de la demanda, ante el juez de distrito que la admitió.

8. En el recurso de queja se deben presentar los argumentos jurídicos y disposiciones normativas para justificar que se actuó conforme a la ley aplicable e invocar los criterios jurisprudenciales en los cuales se sostiene que el notario no es autoridad responsable, mismos que son obligatorios para todos los jueces y magistrados, sean estos federales o locales en los términos de los artículos 216 y 217 de la Ley de Amparo.

9. Si la sentencia es desfavorable, el notario puede impugnarla mediante el recurso de revisión dentro de un plazo de 10 días, ante el juez que dictó la resolución. El Tribunal Colegiado de Circuito o en su caso la Suprema Corte de Justicia de la Nación resuelven el recurso.

10. Si la resolución es condenatoria, el notario debe cumplirla en un plazo de tres días y de no hacerlo se le impone: a) Una multa de 100 a 1000 UMAS; b) Una pena de 5 a 10 años de prisión y c) en su caso destitución e inhabilitación de 5 a 10 años para desempeñar otro cargo o empleo.